Vamos a Orar

Vamos a Orar

Oraciones para diferentes ocasiones

Con Introducción del

Padre John Catoir
Director de The Christophers

Seleccionadas por
Dulce M. Jiménez-Abreu

The 🕯 Christophers
12 East 48th Street, New York, NY 10017

Las siguientes oraciones han sido usadas con permiso:

Oración de la Manaña, Oración de la Cena, Oración de la noche
"Reimpreso (Extrato) de Respect Life. 1990 Conferencia Católica de los Estados
Unidos, Washington DC, Derechos reservados.

The Christophers también tienen disponible en español los siguientes títulos:

Gozad del Señor: una guía para la contemplación

Para que vuestro gozo sea colmado

Produced and designed in the United States of America as
an Alba House book by the Fathers and Brothers of the
Society of St. Paul, 2187 Victory Boulevard,
Staten Island, New York 10314, as part of their
communications apostolate.

ISBN: 0-8189-0610-3

Printing Information:

Current Printing - first digit 1 2 3 4 5 6 7 8 9

Year of Current Printing - first year shown

| 1991 | 1992 | 1993 | 1994 | 1995 | 1996 | 1997 |

Introducción

Es un placer para mi presentarles este libro de oraciones el cual espero contribuya a su desarrollo espiritual.

"Vamos a orar" está integrado por seis secciones. La primera está dedicada a oraciones diarias. La segunda incluye oraciones para diferentes ocasiones, continuando con una serie de invocaciones a diversos santos populares en la cultura Latinoamericana. La cuarta y quinta secciones están dedicadas a la devoción Mariana y al modo de rezar el santo rosario. La última sección es un anexo sobre el rito de la administración de la comunión a los enfermos por un ministro extraordinario.

The Christophers presentan este libro con la esperanza de que la comunidad haga uso de él en forma regular. Esperamos también que estas oraciones le den la fortaleza espiritual que necesite y la alegría de alabar al Señor.

Que la gracia de Dios esté siempre con ustedes.

Padre John Catoir

Indice

Devociones a la Virgen

Modo de Rezar el Santo Rosario

La Comunión

Oraciones para Todos los Días

"No dejen ustedes de orar:
rueguen y pidan a Dios siempre,
guiados por el Espíritu."
(Ef 6:18)

Oración para Iniciar el Día

Ven, Espíritu Creador
visita nuestras almas
y llena con la gracia divina
los corazones que Tú creaste.

Eres el Paráclito,
el don de Dios Altísimo,
fuente viva, fuego, amor
y espiritual unción.

Autor de los siete dones,
dedo de la diestra paterna,
fiel promesa del Padre
que enriqueces nuestra palabra.

Ilumina los sentidos,
infunde amor en los corazones
y conforta sin cesar,
nuestra fragilidad.

Ahuyenta al enemigo,
danos pronto la paz,
contigo como guía
evitemos todo mal.

Por Ti conozcamos al Padre
y también al Hijo,
y confiemos siempre en Ti,
Espíritu de ambos.

Gloria a Dios Padre,
y al Hijo que resucitó,
y al Espíritu Paráclito
por todos los siglos. Amén.

(Tomado de: "Agenda Juventud Nueva 1981")

Oración de la Mañana
(Tema: La Responsabilidad Política)

Bendito eres, Señor Dios, por compartir conmigo tu poder creativo. Te alabo por el don de la responsabilidad. Al empezar este día, te pido especialmente por los líderes gubernamentales — los hombres y mujeres que han sido elegidos o nombrados como los administradores de tus derechos y los cuidadores de nuestras necesidades. Concédeles verdadero discernimiento para que nunca se separen de los deberes que los ciudadanos les han confiado. Dame el poder, Señor, de llevar tu verdad a todo lo que encuentre en este día que sea falso o deforme. Te lo pido por Cristo nuestro Señor. Amén.

Oración de la Cena
(Tema: El Matrimonio y la Vida Familiar)

Bendito eres, Señor Dios, por las cosas buenas que vamos a comer y que la tierra nos ha proporcionado y las manos humanas han hecho. Te alabamos por el don de amor que nos une alrededor de esta mesa. Te pedimos especialmente por todas las familias de este país. Concédeles paz en sus hogares y protección en el mundo. Señor, donde el amor se ha debilitado, inspíralo con renovada dedicación; donde el amor ha fracasado, derrama tu consuelo sanador. Te lo pido por Cristo nuestro Señor. Amén.

Perdón

Padre,
que somos débiles
no es nuevo para Ti.
Cada día, de muchas formas
iniciamos el día con maravillosas intenciones
y terminamos tratando de igualar las acciones
y liberarnos de la responsabilidad
de alimentar deshonestidad en actos y
pensamientos.
Perdónanos, Señor.
Tu hijo nos conoce bien
y nosotros no sabemos lo que hacemos,
Aun más, danos algo de tu poder
para que podamos perdonarnos unos a otros.
Porque ahí es donde se inician la mayoría de
nuestros problemas.
Y, a nivel más profundo
ayúdanos a perdonarnos a nosotros mismos
para creer en tu perdón
ganado por muerte y resurrección.
Perdón en vez de rencor.
Que hagamos de esto un hábito.
Amén.

(The Christophers)

Alma de Cristo

Alma de Cristo, santifícame.
Cuerpo de Cristo, sálvame.
Sangre de Cristo, embriágame.
Agua del Costado de Cristo, lávame.
Pasión de Cristo, confórtame.
Oh buen Jesús, óyeme.
Dentro de tus llagas, escóndeme.
No permitas que me aparte de Ti.
Del maligno enemigo defiéndeme.
En la hora de mi muerte llámame.
Y mándame ir a Ti.
Para que con tus santos Te alabe.
Por los siglos de los siglos. Amén.

Oración de la Noche
(Tema: Cuidado de los Moribundos)

Bendito eres, Señor Dios, por el descanso que voy a empezar. Te alabo por el don de este día. Al prepararme para dormir, te pido especialmente por aquellos que se acercan al final de sus días a causa de enfermedades serias o sufrimientos del cuerpo. Concédenos que no sean arrebatados de entre nosotros antes de tiempo. Que el cuidado que reciben alivie sus dolores, respete sus derechos personales y honre tu voluntad de respecto por la vida humana. Te lo pido por Cristo nuestro Señor. Amén.

Acto de Contrición

Señor mío Jesucristo, Dios y hombre verdadero, Creador y Redentor mío, por ser Vos quien sois, y porque os amo sobre todas las cosas, me pesa de todo corazón haberos ofendido; propongo firmemente nunca más pecar, y apartarme de todas las ocasiones de ofenderos, confesarme y cumplir la penitencia que me fuere impuesta; ofrézcoos mi vida, obras y trabajos, en satisfacción de todos mis pecados, y confío en vuestra bondad y misericordia infinita, me los perdonaréis por los merecimientos de vuestra preciosísima sangre, pasión y muerte, y me daréis gracia para enmendarme, y para perseverar en vuestro santo servicio hasta el fin de mi vida. Amén.

Oración por la Paz Mundial

Guíame de la muerte hacia la vida
de la falsedad hacia la verdad.
Guíame del desconsuelo hacia
la esperanza,
del temor hacia la confianza.
Guíame del odio hacia el amor,
de la guerra hacia la paz.
Permite que la paz llene
nuestros corazones, nuestro mundo,
nuestro universo.

Aceptación de la Muerte

¡Señor y Dios mío! desde ahora acepto
de vuestra mano con ánimo conforme y gustoso,
cualquier género de muerte que queráis darme,
con todas sus amarguras, penas y dolores.

Oración por los Fieles Difuntos

¡Oh Dios mío, que dáis el perdón y deseáis la salvación de todos los hombres! Imploramos tu clemencia para que a todos los hermanos de nuestra familia, parientes, bienhechores y amigos, que han salido de esta vida, y a todas las almas del purgatorio, por intercesión de la bienaventurada Virgen María y de todos los santos, les concedas entrar en la región de la perpetua bienaventuranza. Por nuestro Señor Jesucristo. Amén.

Oración al Corazón de Jesús por los Moribundos

¡Oh clementísimo Jesús, amador de las almas! os ruego, por la agonía de vuestro Corazón Santísimo, y por los dolores de vuestra Inmaculada Madre, que lavéis con vuestra Sangre a todos los pecadores que están ahora en agonía y que hoy van a morir. Amén. Corazón agonizante de Jesús: Tened compasión de los moribundos.

Oraciones para Diferentes Ocasiones

"Manténganse constantes en la oración,
siempre alerta dando gracias a Dios."
(Col 4:2)

Nada te Turbe

Nada te turbe;
nada te espante.
Todo se pasa.
Dios no se muda.
La paciencia
todo lo alcanza.
Quien a Dios tiene
nada le falta.
¡¡Sólo Dios basta!!

(Santa Teresa de Jesús)

Oración de San Francisco de Asís

"Señor, hazme instrumento de tu paz.
Donde haya odio, siembre yo amor;
donde haya injuria, perdón;
donde haya duda, fe;
donde haya tristeza, alegría;
donde haya desaliento, esperanza;
donde haya sombras, luz.

¡Oh, Divino Maestro!, que no busque
ser consolado, sino consolar;
que no busque ser amado, sino amar;
que no busque ser comprendido, sino
comprender;
porque dando es como recibimos;
perdonando es como Tú nos perdonas;
y muriendo en Ti, es como nacemos a la vida
eterna."

(San Francisco de Asís)

Magníficat

Glorifica mi alma al Señor, y mi espíritu se llena de gozo al contemplar la bondad de Dios, mi Salvador.

Porque ha puesto la mira en la humilde sierva suya; y ved aquí el motivo por qué me tendrán por dichosa y feliz todas las generaciones.

Pues ha hecho en mi favor cosas grandes y maravillosas el que es Todopoderoso, y su nombre infinitamente santo.

Cuya misericordia se extiende, de generación en generación, a todos cuantos le temen.

Extendió el brazo de su poder, y disipó el orgullo de los soberbios trastornando sus designios.

Desposeyó a los poderosos y elevó a los humildes.

A los necesitados llenó de bienes y a los ricos los dejó sin cosa alguna.

Exaltó a Israel su siervo, acordándose de él por su gran misericordia y bondad.

Así como lo había prometido a nuestros padres, a Abraham y toda su descendencia, por los siglos de los siglos. Amén.

Es Maravilloso

Es maravilloso, Señor: mis brazos perfectos,
cuando hay tantos mutilados;
mis ojos perfectos,
cuando tantos no tienen luz;
mi voz que canta,
cuando otras enmudecen;
mis manos que trabajan,
cuando otras mendigan.
Es maravilloso regresar a casa,
cuando otros no tienen a donde regresar;
es bueno sonreir, amar, soñar y vivir,
cuando hay tantos que lloran, odian, se
revuelven en pesadillas y mueren antes
de vivir.
Es maravilloso tener a Dios para creer;
y cuántos hay que ni siquiera poseen el
consuelo de una creencia.
Es maravilloso sobre todo, Señor, tener un
poco que pedir y tanto que agradecer.

Tú, Señor, estás conmigo
(Salmo 23)

El Señor es mi Pastor,
nada me falta.
Me hace descansar
en verdes pastos
me guía a arroyos
de tranquilas aguas.
Me da nuevas fuerzas
y me lleva por caminos rectos,
haciendo honor a su nombre.

Aunque pase
por el más oscuro de los valles,
no temeré peligro alguno
porque Tú, Señor, estás conmigo.
Tu vara y tu bastón me inspiran confianza.

Me has preparado un banquete
ante los ojos de mis enemigos;
has vertido perfume en mi cabeza,
y has llenado mi copa a rebosar.
Tu bondad y tu amor me acompañan
a lo largo de mis días,
y en tu casa, oh Señor,
por siempre viviré.

Alabanza de los Actos de Dios
(Salmo 111)

¡Alabado sea el Señor!

Alabaré al Señor de todo corazón
en la reunión de los hombres honrados,
en la comunidad entera.
Las obras del Señor son grandes,
y quienes las aman, las estudian.
Su obra es bella y esplendorosa,
y su justicia permanece para siempre.
Ha hecho inolvidables sus maravillas.

El Señor es tierno y compasivo;
da alimentos a los que le honran;
¡se acuerda siempre de su pacto!
Mostró a su pueblo el poder de sus obras,
dándole lo que era posesión de los paganos.
Lo que él hace es justo y verdadero;
se puede confiar en sus mandamientos,
pues son firmes hasta la eternidad
y están hechos con verdad y rectitud.
Dio libertad a su pueblo
y afirmó su pacto para siempre.
Dios es santo y terrible.

La mayor sabiduría consiste en
honrar al Señor;
los que le honran, tienen buen juicio.
¡Dios será siempre alabado!

Oración al Espíritu Santo

Espíritu Santo,
Tú que me aclaras todo,
que iluminas todos los caminos para que yo
alcance mi ideal,
Tú que me das el don divino de perdonar y
olvidar el mal que me hacen,
en todos los instantes de mi vida estás conmigo.
Yo quiero en este corto diálogo agradecerte por
todo y confirmar que nunca quiero separarme de
Ti por grande que sea mi ilusión material.
Deseo estar contigo y todos mis seres queridos en
la gloria perpetua.
Gracias por tu misericordia para conmigo y los
míos.

Oración del Angel

Dios mío, yo creo, yo os adoro, yo espero y os amo. Yo os pido perdón por los que no creen, no os adoran, no esperan ni os aman.

Santísima Trinidad, Padre, Hijo y Espíritu Santo, os adoro profundamente y os ofrezco el preciosísimo Cuerpo, Sangre, Alma y Divinidad de Nuestro Señor Jesucristo presente en todos los Sagrarios de la tierra, en reparación de los ultrajes, sacrilegios e indiferencias con que El mismo es ofendido. Y por los méritos infinitos de su Santísimo Corazón y del Corazón Inmaculado de María, os pido la conversión de los pobres pecadores.

Oración al Espíritu Santo

¡Oh, Espíritu Santo, Paráclito divino, Padre de los pobres, Consolador de los afligidos, Luz de los corazones, Santificador de las almas! Vedme aquí postrado en vuestra presencia; os adoro con la sumisión más profunda y repito mil veces con los Serafines que están delante del trono: ¡Santo, Santo, Santo!

Creo firmemente que sois eterno, consustancial al Padre y al Hijo. Espero que por vuestra bondad santificaréis y salvaréis mi alma. Os amo ¡oh Dios de amor! Os amo más que a todo lo de este mundo; os amo con todos mis afectos, porque sois la bondad infinita, que por sí sola merece todo amor; y porque, insensible a vuestras inspiraciones, he cometido la ingratitud de ofenderos con tantos pecados: os pido por ello mil perdones, y siento sobremanera haberos disgustado ¡oh Bien supremo!

Os ofrezco mi corazón, frío como es, y os suplico hagáis penetrar en él un rayo de vuestra luz y centella de vuestro fuego para derretir el hielo tan duro de mis iniquidades.

Vos, que llenasteis de gracias inmensas el alma de María e inflamasteis de santo celo los corazones de los Apóstoles, dignaos abrasar también mi corazón con vuestro amor. Vos sois el Espíritu divino, fortalecedme contra los malos espíritus; sois Fuego, encended en mí el fuego de vuestro amor; sois Luz, iluminadme, haciéndome conocer las cosas eternas; sois Paloma, dadme costumbres puras; sois Soplo lleno de dulzura, disipad los tormentos que en mí levantan las pasiones; sois Lengua, enseñadme el modo de alabaros incesantemente; sois Nube, cubridme con la sombra de vuestra protección.

Por fin, siendo como sois el Autor de los dones celestiales ¡ah! vivificadme, os ruego, con vuestra gracia, santificadme con vuestra caridad, gobernadme con vuestra sabiduría, guiadme con bondad y salvadme con vuestra infinita misericordia, a fin de que no cese jamás de bendeciros, alabaros y amaros, ahora en la tierra mientras viva, y luego en el cielo por toda la eternidad. Amén.

Plegaria al Santo Cristo de los Milagros

Santo Cristo, abre tus labios,
Que tus labios me dirán,
Lo que no me enseñarán,
Juntos, del mundo los sabios.

Me enseñarán, y de suerte
Que sepa cual Tú vivir,
Callar, sufrir y morir,
Como Tú, con santa muerte.

Santo Cristo, que yaces inerte,
Clavado en la cruz por mí,
Cristo de la buena muerte,
Que yo viva y muera en Ti.

Tiéndeme tus brazos luego,
Guárdame en tu Corazón,
Y haz que en medio de su fuego
Fije mi eterna mansión.

Oración de los Cristóforos

Padre, hazme un portador de Cristo Jesús, tu hijo. Permíteme llevar calor al frio ambiente de la vida moderna con tu ardiente amor. Fortaléceme con tu Espíritu Santo para llevar a cabo mi misión de cambiar este mundo, o parte de él, en algo mejor. A pesar de mis lamentables caídas, hazme saber que mis ventajas son bendiciones que Tú me das para compartir con otros.

Hazme más enérgico para enderezar lo que encuentro torcido a mi alrededor en vez de protestar. Alimenta en mí un deseo prático de construir en vez de destruir, de mediar en vez de pelear, salir a dar en vez de implorar. Permíteme no olvidar que es mejor encender una vela que maldecir la oscuridad, y un día unir mi luz a la tuya. Amén.

(The Christophers)

Oración del Buen Humor

Concédeme, Señor,
una buena digestión,
y también algo que digerir.
Concédeme la salud del cuerpo,
con el buen humor necesario
para mantenerla.

Dame, Señor, un alma santa
que sepa aprovechar
lo que es bueno y puro,
para que no se asuste ante el pecado,
sino que encuentre el modo
de poner las cosas de nuevo en orden.

Concédeme un alma que no conozca
el aburrimiento, las murmuraciones,
los suspiros y los lamentos
y no permitas que sufra excesivamente
por ese ser tan dominante
que se llama: Yo.

Dame, Señor, el sentido del humor.
Concédeme la gracia
de comprender las bromas,
para que conozca en la vida
un poco de alegría
y pueda comunicársela a los demas.
Así sea.

(Oración de Santo Tomás Moro)

Oración a Jesús Crucificado

Vedme aquí ¡oh mi amado y dulcísimo Jesús! que postrado en vuestra santísima presencia, os ruego con el más ardiente fervor que imprimáis en mi corazón sentimientos de fe, esperanza y caridad, de dolor de mis pecados, y de propósito de nunca más ofenderos, entre tanto que yo, lleno de amor y compasión, voy considerando vuestras cinco llagas, comenzando con aquellas palabras que de vos dijo ¡oh Dios mío! el santo profeta David:

"Taladraron mis manos y mis pies
y se pueden contar todos mis huesos."

Oración para pedir las tres virtudes teologales Fe, Esperanza y Caridad

¡**O**h Dios Omnipotente!, padre de todo lo existente. Bondadoso, magnánimo, haz que la FE nunca se aparte de mí, para poder amarte y quererte.

¡Oh Cristo, hijo de Dios!, redentor de la humanidad y ejemplo de mansedumbre y humildad, infiltra en mi ánimo la energía suficiente para que la ESPERANZA sea el bálsamo confortable que me ayude a cumplir dignamente el destino de mi vida.

¡Oh Santísima Madre de Cristo! Reina de los Cielos y dechado de pureza y de virtud, tú que prodigaste a manos llenas la CARIDAD entre todos los necesitados, dígnate llevar a mi corazón el reflejo de tu valiosa intervención para que pueda repartir también entre los que necesiten, algo de lo material en la parte que yo pueda.

Y todas estas virtudes de FE, ESPERANZA y CARIDAD reverentemente ejercitadas, suplico me permitan conseguir lo que pido en esta oración, si es para mi bien y si no lo consigo, lo mismo las seguiré practicando hasta la hora de mi muerte. Amén.

Oración al Divino Niño

Niño amable de mi vida
consuelo de los cristianos
la gracia que necesito
pongo en tus benditas manos.

Tú que sabes mis pesares
pues todos te los confío
da la paz a los turbados
y alivio al corazón mío.

Y aunque tu amor no merezco
no recurriré a ti en vano
pues eres Hijo de Dios
y auxilio de los cristianos.

Acuérdate oh Niño Santo
que jamás se oyó decir
que alguno te haya implorado
sin tu auxilio recibir.

Por eso con fe y confianza
humilde y arrepentido
lleno de amor y esperanza
este favor yo te pido.

Oración a la Santísima Trinidad

Dios todopoderoso y eterno, que, en la profesión de la fe verdadera, has concedido a tus siervos reconocer la gloria de la Trinidad eterna y adorar la unidad de tu majestad omnipotente: concédenos que la fuerza de esta misma fe nos haga más fuertes ante las dificultades de la vida.

Gloria al Padre y al Hijo y al Espíritu Santo. Como era en el principio, ahora y siempre, por los siglos de los siglos. Amén.

Humildad y Paciencia

Jesucristo nuestro Salvador, manso y humilde Cordero de Dios. Con paciencia sin límites te dejaste sacrificar por los verdugos de tu dolorosa Pasión y Muerte; y borraste nuestros pecados con las llagas divinas de tu Santísimo Cuerpo destrozado; y purificaste nuestras almas con tu Sangre vertida hasta la última gota.

Acompañándote en ese inmenso dolor, te adoro, Señor mío, y te suplico confiadamente que con tu Humildad y Paciencia y con tu Amor sacrificado me perdones todos mis pecados; me acompañes en el camino de la cruz diaria y me consigas la salvación eterna, para ser feliz en el Cielo en compañía de tu Santísima Madre, la Virgen María.

Por tus santas llagas, por tu Humildad y Paciencia, tengo plena seguridad de que me has de salvar, ayudándome a cumplir todas mis obligaciones y llevar una vida plenamente cristiana siguiendo las normas del Santo Evangelio. Amén.

Devociones Varias

"Pero nosotros también tenemos que dar
gracias a Dios por ustedes,
hermanos amados por el Señor,
porque Dios los escogió
para que fueran los primeros
en alcanzar la salvación."
(1 Ts 1:2-3)

Oración a San Judas

¡Santo Apóstol, San Judas, fiel siervo y amigo de Jesús! El nombre del traidor que entregó a tu amado Maestro en las manos de sus enemigos, ha sido la causa de que tú hayas sido olvidado por muchos; pero la Iglesia te honra e invoca universalmente, como el patrón de los casos difíciles y desesperados.

Ruega por mí. Estoy sin ayuda y tan solo. Haz uso, te imploro, del privilegio especial a ti concedido, de socorrer pronto y visiblemente cuando casi se ha perdido toda esperanza.

Ven en mi ayuda en esta gran necesidad (hacer la petición) para que pueda recibir el consuelo y socorro del cielo en todas mis necesidades, tribulaciones y sufrimientos y para que pueda alabar a Dios contigo y con todos los elegidos por siempre.

Prometo glorioso San Judas, nunca olvidarme de este gran favor, honrarte siempre y con agradecimiento, hacer todo lo que pueda para fomentar tu devoción como mi especial y poderoso patrono. Amén.

Oración a Santa Rosa de Lima

Oh Rosa pura y santa, que con tu fe constante mereciste de tu Soberano Esposo admirables ilustraciones, dándote a conocer inefables secretos, y revelándote lo que estaba por venir: bendecimos al Señor que así te honró, y te pedimos intercedas ante su Divina Majestad, para que mantenga nuestra fe en su esplendor sin que la apaguen los soplos del infierno. Ni tu celo por la honra de Dios se ha acabado, ni tu valimiento se ha disminuido; a la vista, pues, de tu amado Esposo no te olvides de estos infelices que aún luchamos en este mar amargo y tempestuoso; suaviza su justa indignación y haz que se derramen sobre nosotros torrentes de misericordias, de poderosos auxilios y abundantes socorros, con los que conservemos la antorcha de nuestra fe viva hasta presentarnos delante del Esposo de nuestras almas de tal modo que entremos a celebrar la festividad nupcial por una eternidad. Amén.

Oración de Santo Tomás de Aquino

Gracias te doy, Señor Dios Padre todopoderoso, por todos los beneficios y señaladamente porque has querido admitirme a la participación del sacratísimo Cuerpo de tu unigénito Hijo. Suplícote, Padre clementísimo, que esta Sagrada Comunión no sea para mi alma lazo ni ocasión de castigo, sino sea armadura de mi fe, escudo de mi buena voluntad, muerte de todos mis vicios, exterminio de todos mis carnales apetitos, y aumento de caridad, paciencia y verdadera humildad y de todas las virtudes: sea perfecto sosiego de mi cuerpo y de mi espíritu, firme defensa contra todos mis enemigos visibles e invisibles, perpetua unión contigo solo, mi verdadero Dios y Señor, y sello feliz de mi dichosa muerte. Y te ruego que tengas por bien llevarme a mí, pecador, a aquel convite inefable donde Tú con tu Hijo y el Espíritu Santo, eres para tus santos luz verdadera, satisfacción cumplida y gozo perdurable, dicha completa y felicidad perfecta. Por Cristo nuestro Señor. Amén.

Oración a San Luis Gonzaga

¡Oh Luis Santo! adornado de angélicas costumbres; yo, indignísimo devoto vuestro, os encomiendo especialmente la castidad de mi alma y cuerpo, y os pido que por vuestra pureza angélica os dignéis encomendarme al Cordero inmaculado, Cristo Jesús, y a su purísima Madre, Virgen de vírgenes, guardándome de todo pecado. No permitáis que yo manche mi alma con la menor impureza: antes bien, cuando me viereis en la tentación o el peligro de pecar, alejad de mi corazón todos los pensamientos y afectos inmundos, y despertad en mí la memoria de la eternidad y de Jesús crucificado. Imprimid en mi corazón un profundo sentimiento de temor santo de Dios, y abrasadme en su divino amor; para que así, siendo imitador vuestro en la tierra, merezca gozar de Dios en vuestra compañía. Amén.

Oración a Santa Teresa de Jesús

¡Poderosísima protectora mía y abogada Santa Teresa, Doctora mística, vivo ejemplar de perfección, restauradora de la piedad y celadora del honor de Dios! Postrado a vuestras plantas, vengo lleno de confianza a implorar vuestra poderosa protección, deseando imitar vuestras heroicas virtudes, especialmente la generosidad y gran corazón para con Dios, con que, despreciando el qué dirán y las burlas y persecuciones del mundo, atendisteis únicamente con todo empeño a promover en vos y en los prójimos la mayor gloria y alabanza de Dios, y la tierna y sólida devoción a María Santísima y a su casto esposo San José. Proteged desde el cielo a vuestras hijas, haciendo crezcan en número y fervor, copiando en sus corazones la perfecta imagen que les dejasteis en vuestra vida y escritos, y alcanzadnos que, libres de todo pecado, sirvamos con generosidad y constancia a Dios en el estado de vida en que por su divina voluntad nos hallamos, mereciendo llegar por este medio al felicísimo fin de la eterna bienaventuranza. Amén.

Oración a San Antonio de Padua

Prodigiosísimo San Antonio de Padua, a quien colmó el cielo de piadosas bendiciones, poderoso en las palabras y en las obras, grande a los ojos de Dios y de los hombres: por tu humildad profundísima, pureza angélica, discreción admirable, magnanimidad portentosa y ardentísimo celo, con que a expensas de indecibles trabajos y persecuciones procuraste la conversión de las almas; por el raro don de hacer prodigios con que te enriqueció el cielo; por la sacratísima Virgen María, a quien tanto amaste; por aquel torrente de delicias que inundó tu alma cuando tuviste al tierno Jesús en los brazos, te suplico que infundas en mi alma aversión a la vanidad y a los falsos placeres del mundo, con una santa afición a los ejercicios de la vida cristiana, único medio de lograr la verdadera felicidad. Obra conmigo este prodigio, ¡oh taumaturgo admirable!, para que, siendo semejante a ti, logre la dicha de verte por eternidades en la gloria. Amén.

Oración al Niño Jesús

¡Oh mi Niño Jesús! A ti recurro, y te ruego por tu Santísima Madre me asistas en mis necesidades (Aquí se pide lo que se desea), porque creo firmemente que tu Divinidad puede socorrerme. Espero confiadamente que alcanzaré tu santa gracia. Te amo de todo corazón. Me arrepiento sinceramente de mis pecados, y de rodillas te ruego ¡oh Niño Jesús! que me libres de ellos. Tomo la resolución de corregirme y no volver a ofenderte; vengo a ofrecerme a Ti para sufrir mucho y con paciencia por tu amor. Quiero desde hoy servirte más fielmente, y amar de todo corazón al prójimo como a mí mismo. ¡Oh mi Niño Jesús, yo te adoro! ¡Oh Niño poderosísimo! Te pido de nuevo me asistas en esta circunstancia, a fin de poder gozar de Ti eternamente, verte un día con María y José, y adorarte con todos los ángeles. Amén.

Oración a Santa Margarita María

Santa Margarita María, a quien el Sagrado Corazón de Jesús ha hecho participe de sus divinos tesoros, te imploramos obtener para nosotros, todas las gracias que necesitamos compartir con ese adorable Corazón. Con confianza sin límites, pedimos al Señor nos lo conceda a través de tu intercesión para que una vez más sea amado y glorificado. Amén.

Oración a San Miguel

San Miguel Arcángel, defiéndenos en la batalla; sé nuestro protector contra las perversidades y las asechanzas del demonio. Humildemente rogamos que el Señor lo reprima, y a ti, principe de los ejércitos celestiales, con tu poder arroja al infierno a satanás y todos los malos espíritus que andan dispersos por el mundo pervirtiendo las almas. Amén.

Oración a San José

Glorioso San José, esposo de María Santísima, concédemos, te suplicamos, tu paternal protección por medio del Corazón de Jesús.

Tú que con gran poder consigues remediar todas nuestras necesidades, haciendo posible lo imposible, mira las súplicas de tus hijos con tu paternal serenidad. En las tribulaciones y sufrimientos que nos afligen tenemos confianza de recurrir a ti. Dígnate poner bajo tu amorosa protección esta importunante y difícil solicitud, causante de nuestras preocupaciones, y dispón su victoria para la mayor gloria de Dios y el beneficio de sus fieles siervos. Amén.

Oración al Sagrado Corazón de Jesús

Señor Jesucristo, que dijiste, "pedid y recibiréis, buscad y hallaréis": mírame postrado a tus divinos pies con una fe viva y llena de confianza en estas promesas, dictadas por tu Sagrado Corazón y pronunciadas por tus labios. Vengo a suplicaros (Aquí se pide la gracia que se desee).

¿A quién puedo dirigirme si no a Vos, cuyo corazón es una fuente inagotable de toda clase de gracias y méritos? ¿Dónde buscaré sino en el tesoro que contiene la riqueza de vuestra clemencia y generosidad? ¿Dónde llamar sino a la puerta por donde vamos a Dios?

A ti, pues, ¡oh Divino Corazón de Jesús! recurro; en ti encuentro consuelo en mis aflicciones, protección cuando soy perseguida, fuerzas cuando estoy abatida con grandes pruebas, y luz en mis dudas y tinieblas. Creo firmemente, Jesús mío, que puedes derramar sobre mí la gracia que imploro aunque para esto fuese necesario un milagro. Sólo tienes que desearlo y mi ruego será concedido. Reconozco, Jesús mío, que no soy digna de tus favores, pero esto no es motivo para desanimarme. Tú eres el

Dios de las compasiones y no rechazarás el corazón contrito y humillado que llegue a ti con confianza. Yo imploro de tu compasivo corazón que encuentres en mis miserias y flaquezas un motivo justificado para concederme mi petición.

¡Oh Sagrado Corazón de Jesús! cualquiera que sea vuestra decisión con referencia a mi súplica no cesaré de adorarte, alabarte, amarte y servirte toda mi vida. Sírvete Señor, aceptar este acto de perfecta sumisión a los decretos de vuestro adorable Corazón, el cual deseo sinceramente ver obedecido y honrado por mí y por todas las criaturas. Amén.

Oración a San Ignacio de Loyola

¡Oh Dios, que para propagar la mayor gloria de tu santo nombre, por medio de San Ignacio has fortalecido la Iglesia militante con un nuevo Instituto! concédenos que, con su ayuda, y a imitación suya, luchemos en la tierra hasta conseguir ser coronados con él en el cielo. Tú que vives y reinas por los siglos de los siglos. Amén.

Oración a San Martín de Porres

¡Oh Dios misericordioso, que nos disteis en el Bienaventurado Martín un modelo perfecto de humildad, de mortificación y de caridad; y sin mirar a su condición, sino a la fidelidad con que os servía, lo engrandecísteis hasta glorificarlo en vuestro Reino, entre los coros de los ángeles! Miradnos compasivo y hacednos sentir su intercesión poderosa.

Y tú, beatísimo Martín que viviste sólo para Dios y para tus semejantes; tú que tan solícito fuiste siempre en socorrer a los necesitados, atiende piadoso a los que admirando tus virtudes y reconociendo tu poder, alabamos al Señor que tanto te ensalzó. Haznos sentir los efectos de tu gran caridad, rogando por nosotros al Señor, que tan fielmente premió tus méritos con la gloria eterna. Amén.

Oración a San Elías

Gloriosísimo padre nuestro y profeta de Dios, Elías; gran celador de su honra y fundador de la Orden de María en el Monte Carmelo, desde cuya cumbre la vislumbrasteis con espíritu profético, en aquella pequeña nube que subía del mar, sin mezcla de sus amarguras, y que subiendo la montaña santa descendió en copiosa lluvia sobre los agostados campos de Israel: símbolo de las gracias que María había de derramar por el mundo con su santo escapulario. Haced, oh santo padre mío, que a ejemplo vuestro, consagre yo toda mi vida a honrar a la que es nuestra Madre y nuestro consuelo, que alimentado con la Santísima Eucaristía pueda caminar por el desierto de esta vida sin desfallecer, como caminasteis vos alimentado con aquel pan hasta el Monte Horeb, huyendo de la impía Jezabel. Enseñadme a huir de los engaños de este mundo y de las astucias del demonio, para que, imitando vuestro celo por la gloria de Dios, algún día pueda estar a vuestro lado cantando las alabanzas de Dios y de su Madre santísima, a quien deseo ver y amar eternamente. Así sea.

Oración a Santa Clara

Gloriosísima Virgen y dignísima Madre Santa Clara, espejo clarísimo de santidad y pureza, base firme de la más viva fe, incendio de perfecta caridad y tesoro riquísimo de todas las virtudes.

Por todos estos favores con que el Divino Esposo os colmó; y por la especial prerrogativa de haber hecho a vuestra alma trono de su infinita grandeza, alcánzanos de Su inmensa piedad, que limpie nuestras almas de las manchas y de las culpas, y destituidas de todo efecto terreno, sean templo digno de Su habitación.

También te suplicamos por la paz y tranquilidad de la Iglesia, para que se conserve siempre en la unidad de fe, de santidad, de costumbres, que la hacen inalcanzable a los esfuerzos de sus enemigos.

Y si fuese para mayor gloria de Dios y bien espiritual mío cuanto pido por esta oración, vos, como madre y protectora, presentad mis deseos en el despacho Divino: pues yo confío en la bondad infinita, que por vuestros méritos alcanzaré para su mayor honra y gloria. Amén, Jesús.

Oración a San Pedro Apóstol

Glorioso príncipe de los apóstoles a quien nuestro Señor Jesucristo concedió la inmensa prerrogativa de dirigirle primero su voz, después de su resurrección gloriosa.

Prerrogativa que había merecido vuestra penitencia por la debilidad que tuviste negando a nuestro Gran Maestro tres veces.

Os suplicamos nos concedáis la gracia de que el Señor se digne hacernos, ya por los movimientos interiores de nuestra conciencia a pesar de nuestros pecados y de no haber hecho, cual vos, penitencia y llorado amargamente nuestras culpas, concedednos glorioso San Pedro esta gracia para que purificándose nuestras almas por medio de un verdadero dolor y arrepentimiento podamos merecer por vuestra intervención la eterna bienaventuranza. Amén.

Oración a Santa Rita de Casia

Dios te salva, gloriosa Santa Rita, cuyo nacimiento fue presagio de futura santidad, y cuyo nombre, revelado por el cielo, significa rectitud, porque esta fue siempre la norma de tu vida: alcanzadnos del Señor que gocemos la dulzura de sus palabras, y que a tu imitación corramos con pie seguro por la senda de sus divinos preceptos, que es la única que conduce a la suprema felicidad. Amén.

Si al poder de tu oración, del odio y rencor monstruoso, líbrenos tu protección, hasta lo imposible cede, por nosotros intercede, en esta tribulación.

Eres perfecto ejemplar, de inocencia y de virtud, y por eso rectitud, quiere tu nombre indicar, tú me alientas a marchar por sendas de perfección.

Cándida abeja, labrara, en tu boca angelical, de miel sabroso panal, de tu candor señal rara, si tus huellas yo pisara, ¡oh, cuán rico galardón!

Aceptas el matrimonio, por méritos de obediencia, y das de santa paciencia, relevante testimonio; En vano intenta el demonio, dominar tu corazón.

Al que matara a tu esposo, generosa perdonaste, y a tus hijos separaste, de crimen tan horroroso.

Pero si encuentras cerrada, del monasterio la puerta, por Dios la miras abierta, dándote fácil entrada; huya el alma contristada, la mundana seducción.

Punzante espina tu frente, penetra Rita, endiosada, dádiva muy renombrada de Jesús, Esposo ardiente; grabado en mi pecho ardiente el sello de su pasión.

Al Augusto Sacramento, con gran fervor recibías, y cuerpo y alma nutrías con tan divino alimento: sea siempre mi sustento la Sagrada Comunión.

Eres, Rita, mujer fuerte, en tu vida portentosa, y en gracias maravillosa. Tras plácida y santa muerte: por ti logramos la suerte de estar contigo en Sión. Amén.

Oración a San Onofre

Glorioso San Onofre, a quien he escogido por mi protector particular y en quien tengo y tendré absoluta confianza; concédeme que yo experimente los saludables efectos de tu poderosa intercesión con nuestro Dios.

En tus manos deposito todas mis necesidades y en particular la que hoy pongo bajo tu protección. Alcánzame este favor y todas las demás gracias necesarias para que viviendo una vida cristiana llegue un día, en unión con los míos, a la felicidad eterna del cielo. Amén.

Oración a San Juan Bosco

Oh San Juan Bosco, apóstol incansable de la devoción a Jesús en la Eucaristía y a María Auxiliadora: te pedimos con fe que nos obtengas de Jesús y María la gracia especial que estamos necesitando (Pedir la gracia). Desde ahora aceptamos que se haga la voluntad de Dios, pero te rogamos que intervengas ante el Señor para que su poder venga en auxilio de nuestra necesidad. Amén.

Oración a José Gregorio Hernández

¡Oh Trinidad Amabilísima! en Vos
creo, en Vos espero, os amo con todo mi corazón
y os pido llenéis mi alma de vuestra gracia y la
confirméis en ella, de modo que jamás deje de ser
vuestro santo templo y la morada de vuestras
delicias. Vos habéis elegido a vuestro siervo José
Gregorio para enseñar a los hombres a amaros
sobre todas las cosas, serviros fielmente y amar al
prójimo con santa caridad. Animado yo con esta
consoladora doctrina del evangelio, os adoro y
bendigo por las virtudes y prerrogativas que
habéis concedido a vuestro siervo y edificado con
su ejemplo, os pido por su eficaz intercesión que
me asistáis en todas mis necesidades,
especialmente en esta que os encomiendo.
Dignaos, Trinidad misericordiosísima, oir a
vuestro siervo, concediéndome el favor que os
pido, si es para mayor gloria vuestra y bien de mi
alma. Amén.

Devociones a la Virgen

"Bendita tú entre las mujeres."
(Lc 1:42)

Invocación a María

Bendita sea tu pureza
y eternamente lo sea,
pues todo un Dios se recrea
en tan graciosa belleza.
A ti, celestial princesa,
Virgen sagrada María,
yo te ofrezco en este día
alma, vida y corazón.
Mírame con compasión,
no me dejes Madre mía.

Plegarias a María

Bajo tu amparo
nos acogemos.
¡Oh Santa Madre
de Dios!
    No desprecies
las oraciones
que te dirigimos;
antes bien.
líbranos
de todo peligro.
    ¡Oh Virgen gloriosa
y bendita!

(Oración del siglo IV)

Consagración a la Virgen

Oh Señora mía,
oh Madre mía,
yo me ofrezco todo a ti,
y en prueba de mi filial afecto,
te consagro en este día y para
siempre,
mis ojos, mis oídos,
mi lengua y mi corazón,
en una palabra todo mi ser,
y ya que soy todo tuyo,
oh Madre de bondad
guárdame y defiéndeme,
como a un hijo tuyo. Amén.

Oración de San Bernardo

Acuérdate, oh piadosísima Virgen María, que jamás se ha oido decir que ninguno de los que han acudido a tu protección, implorando tu asistencia y reclamando tu auxilio, haya sido abandonado de Ti.

Animados con esta confianza, a Ti también acudimos, oh Virgen, Madre de las vírgenes, y, aunque gimiendo bajo el peso de nuestros pecados, nos atrevemos a presentarnos ante tu presencia soberana.

No desoigas, oh Madre de Dios, nuestras súplicas; antes bien, escúchalas propicia y dígnate acogerlas favorablemente. Amén.

Oración a la Virgen de Guadalupe

¡Santísima Virgen de Guadalupe! Si me hubiera sido posible elegir yo mismo una madre, ¡cuán noble, rica y hermosa hubiera sido la mujer que yo escogiera! Habría elegídola tal, que, uniendo a la hermosura las prendas más brillantes, gozara de la alta estima de los más egregios y poderosos príncipes. La habría buscado de atractivo tan irresistible que, teniendo ante el más grande monarca eficaz valor, hubiese podido proporcionarme la vida más feliz y más exenta de miserias.

Pero hé aquí, gran Señora, que si no me ha sido imposible hacer tal elección, he tenido la incomparable gloria, la indecible felicidad de que la Madre más excelsa, hermosa y augusta se haya dignado, aun antes de que yo naciese, adoptarme por hijo suyo.

Sí; Vos, ¡oh Reina piadosísima!, la más dulce y tierna de todas las madres. Así como creo, venero y admiro en Vos una belleza celestial, una virtud sin mancha, una nobleza sin semejanza entre las criaturas, así también venero, admiro y reconozco en Vos el valor que tenéis con el Príncipe de la eternidad, el poder que gozáis para con la infinita misericordia.

Mostrad, pues, ¡oh María!, que sois mi dulce Madre, cual ofrecisteis al dichoso Juan Diego, alcanzándome de vuestro Santísimo Hijo el perdón de mis horribles culpas y reiterados extravíos. Yo vengo, alentado por vuestra confianza materna, a prometeros no volver a ejecutar cosa alguna que desagrade y ofenda a mi Señor. No sean parte mis delitos para dejar frustradas las esperanzas que en Vos pongo; obrad conmigo como Madre, aunque yo no he sabido ser hijo vuestro; presentad mis súplicas ante el trono de aquel buen Dios que por salvarme se hizo Hijo vuestro, eligiéndoos por Madre para que fuéseis Madre mía.

Alcanzadme ¡oh María! la gracia que necesito para saber aprovecharme de tan gran beneficio, y vivir de manera que merezca ir a daros las gracias por una eternidad en el cielo. Amén.

Oración a Nuestra Señora de Lourdes

Purísima Reina de los ángeles. Aguila real que llegaste a contemplar tan inmediatamente al Sol de increada Justicia, Jesucristo nuestro Señor. Aurora de la eterna luz, vestida siempre de los fulgores de la gracia. Centro del amor divino, donde halló su complacencia la Trinidad Beatísima. Ciudad santa, donde no entró cosa manchada, y fundada sobre los más altos montes de la santidad. Jerusalén celestial, ideada en la misma gloria e iluminada con la claridad de Dios!

Por estos títulos de tu Concepción Purísima te suplico, Reina mía, que como águila real me ampares bajo las alas de tu protección piadosa; como aurora de la gracia esclarezcas e ilumines con tus fulgores mi alma; como centro del amor enciendas mi voluntad para que arda en el divino, y que me admitas benigna, como a tu fiel morador, en la Jerusalén triunfante, de la que eres Reina excelsa.

Oye, Señora, mis ruegos; y por el gran privilegio de tu Concepción en gracia, concédeme fortaleza para vencer mis pasiones, y con especialidad la que más me combate, pues con tu intercesión y con el auxilio de la gracia propongo emprender la lucha hasta alcanzar la victoria: por mi Señor Jesucristo, que vive y reina por los siglos de los siglos. Amén.

Oración a Nuestra Señora del Carmen

¡Oh santa inmaculada Virgen, ornamento y gloria del Carmelo! Tú, que con especial bondad y misericordia consideras a los que visten tu muy amado escapulario, dirige sobre mí una mirada de misericordia y cúbreme con el manto de tu maternal protección.

Dame fuerzas en mi debilidad con tu poder, ilumina con tu sabiduría las tinieblas de mi entendimiento, aumenta en mí la fe, la esperanza y la caridad.

Adorna mi alma con las gracias y virtudes que a tu divino Hijo y a Ti han de hacerla agradable.

Asísteme con tu protección durante esta vida, consuélame a la hora de mi muerte con tu adorable amparo, y preséntame a la Trinidad augusta como a hijo devoto y servidor tuyo, para alabarte y bendecirte eternamente en el cielo. Amén.

Oración a Nuestra Señora del Perpetuo Socorro

¡Oh Madre del Perpetuo Socorro! Tú, que eres la dispensadora de las gracias todas que nos concede Dios, y a quien tanto poder el Señor ha otorgado; Tú, que eres tan benévola y espléndida, socórrenos en nuestras miserias.

Tú, que eres abogada del pecador, y sobre todo de los más desgraciados y que se hallan en mayor abandono cuando a Ti acuden, ven en mi auxilio, pues a tu misericordia me acojo.

A Ti entrego mi alma, entre tus manos encomiendo mi espíritu y mi salvación eterna. Ponme en el número de tus siervos más fieles, colócame bajo tu protección, y esto me basta. Si me otorgas tu auxilio, nada temeré: ni mis pecados, porque Tú me alcanzarás el perdón; ni a los demonios, porque eres más poderosa que el mismo infierno; ni aun a Jesús, mi Juez, porque ante tus ruegos depondrá su justicia. Una sola cosa temo, y es que por negligencia de mi parte deje de encomendarme a Ti, y que de este modo llegue a perderme.

Alcánzame, Señora, el perdón de mis pecados, el amar a Jesús, la perseverancia final y la gracia de acudir siempre a Ti, ¡oh Madre del Perpetuo Socorro! Amén.

Oración a Nuestra Señora de la Altagracia

¡Oh Madre de la Divina Sabiduría y por eso Madre de Dios de Altagracia! Postrado a tus plantas este miserable tuyo viene a pedirte alcance dos gracias con esta oración.

La primera es una alta gracia de grande honra y gloria para la tierra, pues lo es la exaltación de la santa fe católica, la extirpación de las herejías, la paz y concordia entre los principes cristianos, las victorias contra los infieles y la rendición de los cristianos cautivos.

La segunda es la gracia justificante para este arrepentido pecador, que ya aborrece los viles deleites de la culpa, y propone no ofender más a la bondad infinita.

Por tu mano, Señora, espero esta misericordia, para que después de servirte en esta vida, llegue a gozar en la otra de la divina gracia. Para que más bien pueda contar las misericordias de Dios, os pido atendáis a mi necesidad y me concedáis la gracia que os voy a pedir. (Aquí pide cade uno lo que necesita.)

Así Madre mí lo espero de vuestra piadosa liberalidad; más si acaso no conviniese mi petición, me resigno en tu santísima voluntad; dame paciencia para tolerar los trabajos y pasiones de la vida, hasta el fin dichoso de verte con tu hijo Jesús en la gloria. Amén.

Oración a la Milagrosa

¡**B**enignísima Madre de misericordia. Hija de Dios Padre, Madre de Dios Hijo, Esposa del Espíritu Santo, noble descanso de toda la Santísima Trinidad; elegida del Padre, preservada por el Hijo y amada del Espíritu Santo! Vos sois en las cosas dudosas nuestra luz; en las tristes sois consuelo; en las angustias alivio, y en los peligros y tentaciones fiel socorro. Sois paraíso de gracias y espirituales dones. Bienaventurados los que de veras os aman y sirven y los que por santidad de vida se hacen siervos y devotos vuestros, a vuestra piedad, pues recurro, Reina y Señora mía, para que me enseñéis, gobernéis y defendáis en todas las horas y momentos de mi vida, suplicándoos humildemente, ahora me alcancéis de la Majestad Divina la gracia que al presente os pido, si conviene para bien de mi alma. Y si no conviene, vos, como abogada mía, dirigid mi voluntad sólo a lo que sea honra y gloria de Dios, y salvación de mi alma. Amén.

Oración a Nuestra Señora de las Mercedes

Santísima Virgen María de la Merced, madre de Dios, y por esta augusta cualidad, digna de los más profundos respetos de los ángeles y de los hombres. Hoy como a uno de vuestros hijos, confieso que, sabéis Señora, desde mi tierna infancia os he tenido como a madre, abogada y patrona mía; desde entonces me habéis mirado. Por vuestras manos e intercesión, me han venido todas las gracias que he recibido de homenaje; y al implorar el socorro de vuestra misericordiosa protección, recibid los humildes tributos que vengo a rendiros y los deseos que tengo de seros fiel durante el curso de mi vida para que después de ella merezca veros en la eterna felicidad con tu hijo preciosísimo en la gloria de Dios. Amén

Oración a la Madre de La Divina Providencia

¡Oh Madre augusta de la Divina Providencia, la más ilustre y santa, la más accesible y tierna! Nosotros colocamos en vuestro maternal corazón nuestras tiernas oraciones para que se inflamen con sus purísimas llamas; alcanzadnos, Señora, que nuestra humilde confianza en esa sabia, poderosa y vigente Providencia adquiera en terreno tan precioso y fecundo una belleza incorruptible, colores agradables, aromas delicados, virtudes divinas y un precio merecedor de eternos bienes, de dicha feliz y perpetua, de inmortales honores.

Alcanzadnos de un atributo tan adorable y excelso que os hizo el brillante ornamento de la naturaleza humana y la luz más pura y esplendorosa del empíreo todos aquellos bienes así temporales como espirituales, sin cuyo goce no podemos hacer tranquilamente, por este valle de lágrimas, nuestra peregrinación a la bienaventuranza.

A vuestra poderosa súplica deben los pastores de la Iglesia santa sabiduría, prudencia y celo, los magistrados la feliz dirección de los negocios públicos, los militares la clemencia que corona plausiblemente los triunfos, los pecadores su pronta sabiduría y saludable enmienda, los justos precioso aumento de la virtud y gracia, los labradores cosechas abundantes y la industria, fecundos arbitrios y útiles progresos.

En fin, hija inmortal y memorable de la Divina Providencia, cubridnos con su augusto manto para que comencemos desde este mundo, con nuestros cristianos procederes: una felicidad que se consume algún día de un modo sorprendente y celestial, en los tabernáculos eternos. Amén.

Modo de Rezar el Santo Rosario

"Yo soy esclava del Señor."
(Lc 1:36)

Modo de Rezar el Santo Rosario

1. Se hace la señal de la cruz, se reza el Credo, un Padre Nuestro, tres Avemarías y un Gloria al Padre.

2. Se enuncia el primer misterio (se recomienda hacer una pequeña meditación del mismo). Se reza un Padre Nuestro, diez Avemarías y un Gloria al Padre.

3. Después del Gloria al Padre, en cada decena, se hace la siguiente invocación:

> V. ¡Ave María Púrisima!
> R. Sin pecado original concebida.

Oración: María, Madre de Gracia, Madre de Misericordía, en la vida y en la muerte ampáranos, Señora. Amén.

Oh Jesús mío, perdona nuestras culpas y nuestros pecados. Sálvanos del fuego eterno del infierno y lleva al cielo las almas del purgatorio, especialmente las más necesitadas de tu misericordia.

4. Se continua enunciando los misterios siguientes y rezando las oraciones como en el primer misterio.

Oraciones del Santo Rosario

El Credo Apostólico

Creo en Dios,
Padre todopoderoso,
Creador del cielo y de la tierra.

Creo en Jesucristo,
su único Hijo, nuestro Señor,

que fué concebido por obra
y gracia del Espíritu Santo,
nació de santa María Virgen,
padeció bajo el poder de
Poncio Pilato,
fué crucificado, muerto y
sepultado,
descendió a los infiernos,

al tercer día resucitó de entre
los muertos,
subió a los cielos
y está sentado a la derecha de
Dios, Padre todopoderoso.
Desde allí ha de venir
a juzgar a vivos y muertos.

Creo en el Espíritu Santo,
la santa Iglesia católica,
la comunión de los santos,
el perdón de los pecados,
la resurrección de la carne
y la vida eterna. Amén.

EL PADRE NUESTRO

Padre nuestro, que estás en el cielo,
santificado sea tu Nombre;
Venga a nosotros tu reino;
hágase tu voluntad en la tierra como en el cielo.

Danos hoy nuestro pan de cada día;
perdona nuestras ofensas,
como también nosotros perdonamos
a los que nos ofenden;
no nos dejes caer en la tentación,
y líbranos del mal.

Porque tuyo es el reino, tuyo es el poder
y la gloria por siempre, Señor. Amén.

El Ave María

Dios te salve María,
llena eres de gracia,
el Señor es contigo,
bendita tú eres entre todas las mujeres,
y bendito es el fruto de tu vientre, Jesús.

Santa María,
Madre de Dios,
ruega por nosotros pecadores,
ahora y en la hora de nuestra muerte. Amén.

El Gloria al Padre

Gloria al Padre, y al Hijo y al Espíritu Santo.

Como era en el principio,
ahora y siempre,
por los siglos de los siglos. Amén.

La Salve

Dios te salve,
Reina y Madre de misericordia,
vida, dulzura y esperanza nuestra,
Dios te salve.
A ti llamamos, los desterrados hijos de Eva.
A ti suspiramos, gimiendo y llorando en este
    valle de lágrimas.
Ea, pues, Señora, Abogada nuestra,
vuelve a nosotros esos tus ojos misericordiosos
y, después de este destierro,
muéstranos a Jesús, fruto bendito de tu vientre.
¡Oh clementísima! ¡oh piadosa! ¡oh dulce
    Virgen María!

V. Ruega por nosotros, Santa Madre de
Dios.

R. Para que seamos dignos de las
promesas de Cristo. Amén.

Misterios Gozosos
(Lunes y Jueves)

Primer Misterio de Gozo
La Anunciación del Angel

Segundo Misterio de Gozo
La Virgen María visita a su prima Santa Isabel

Tercer Misterio de Gozo
El Nacimiento del Niño Jesús

Cuarto Misterio de Gozo
La Presentación del Niño Jesús en el Templo

Quinto Misterio de Gozo
El Niño perdido y hallado en el Templo entre los
Doctores

Misterios Dolorosos
(Martes y Viernes)

Primer Misterio de Dolor
La Oración de Jesús en el Huerto

Segundo Misterio de Dolor
La flagelación de Jesús

Tercer Misterio de Dolor
Jesús es coronado de espinas

Cuarto Misterio de Dolor
Jesús carga con la Cruz

Quinto Misterio de Dolor
La Crucifixión de Jesús

Misterios Gloriosos
(Miércoles, Sábados y Domingos)

Primer Misterio de Gloria
La Resurrección de Nuestro Señor Jesucristo

Segundo Misterio de Gloria
La Ascención de Nuesto Señor Jesucristo a los
Cielos

Tercer Misterio de Gloria
La Venida del Espíritu Santo sobre los apóstoles

Cuarto Misterio de Gloria
La Asunción de la Virgen María en cuerpo y
alma a los Cielos

Quinto Misterio de Gloria
La Coronación de la Virgen María, Reina de los
Cielos

La Comunión

Rito de la Administración de la Comunión a los Enfermos por un Ministro Extraordinario

Entrada

V. Paz en esta casa y en todos los que en ella viven.

Rito Penitencial

V. Hermanos y hermanas, al prepararnos para esta celebración, reconozcamos nuestros pecados (pausa)

R. Yo confieso ante Dios todopoderoso
y ante ustedes hermanos,
que he pecado mucho
de pensamiento, palabra, obra y omisión.
Por mi culpa, por mi culpa, por mi gran culpa.
Por eso ruego a santa María, siempre Virgen,
a los ángeles, a los santos
y a ustedes hermanos,
que intercedan por mí ante Dios, nuestro Señor.

V. Dios todopoderoso tenga misericordia de nosotros, perdone nuestros pecados y nos lleve a la vida eterna.

R. Amén.

Juan (6:54-58)

El que come mi cuerpo y bebe mi sangre,
tiene vida eterna; y yo lo resucitaré en el día
último. Porque mi cuerpo es verdadera comida, y
mi sangre verdadera bebida. El que come mi
cuerpo y bebe mi sangre, vive unido a mí, y yo
vivo unido a él. El Padre, que me ha enviado,
tiene vida, y yo vivo por él; de la misma manera,
el que se alimenta de mí, vivirá por mí. Hablo
del pan que ha bajado del cielo. Este pan no es
como el maná que comieron los antepasados de
ustedes, que a pesar de haberlo comido murieron;
el que come de este pan, vivirá para siempre.

O bien: (Juan 14:6)

Yo soy el camino, la verdad y la vida.
Solamente por mí se puede llagar al Padre.

O bien: (Juan 14:23)

El que me ama, hace caso de mi palabra; y
mi Padre lo amará, y mi Padre y yo vendremos a
vivir con él.

V. Juntos oremos al Padre con las palabras que Jesús nos enseñó.

R. Padre nuestro, que estás en el cielo,
santificado sea tu nombre;
venga a nosotros tu reino;
hágase tu voluntad en la tierra como en el cielo.
Danos hoy nuestro pan de cada día;
perdona nuestras ofensas,
como también nosotros perdonamos
a los que nos ofenden;
no nos dejes caer en la tentación,
y líbranos del mal.

V. Este es el Cordero de Dios que quita los pecados del mundo. Dichosos los llamados a esta cena.

R. Señor, no soy digno de que entres en mi casa, pero una palabra tuya bastará para sanarme.

V. El cuerpo de Cristo.

R. Amén.

V. Dios todopoderoso y eterno, piadosamente te pedimos que el cuerpo y la sangre de Cristo recibido por nuestros hermanos y hermanas les lleve salud a su mente y a su cuerpo por siempre. Te lo pedimos por nuestro Señor Jesucristo.

R. Amén.

O bien: Padre, al alimentarnos con este Pan de vida, te pedimos nos llenes de tu espíritu, y hagas de nosotros uno en paz y amor. Te lo pedimos por nuestro Señor Jesucristo.

R. Amen.

CONCLUSIÓN

V. Que el Señor nos bendiga, nos proteja del demonio y nos lleve a la vida eterna.

R. Amén.

O bien: La bendición de Dios todopoderoso, Padre, Hijo y Espíritu Santo.

R. Amén.

O bien: La bendición de Dios Todopoderoso, Padre, Hijo y Espíritu Santo.

R. Amén.

Acerca de los Cristóforos

Los Cristóforos creemos que la fuerza de la oración, unida a 1a acción puede cambiar el mundo. Nuestro mensaje está basado en el concepto judeo-cristiano de servir a Dios y a la humanidad y en la idea de que cada individuo es único y tiene una responsabilidad de ayudar a transformar la sociedad.

Nosotros creemos que:

• Su comunidad, su país y el mundo necesitan de lo que usted pueda dar.

• Las acciones positivas son la respuesta más efectiva a las deficiencias de la sociedad.

• Cada uno de nosotros tiene una tarea que realizar que nadie más puede hacer. Dios ha llamado a cada uno de nosotros para que, personalmente, nos involucremos en la búsqueda de soluciones a los problemas que nos afectan.

Los Cristóforos usamos los medios de comunicación para difundir nuestro mensaje de esperanza. La columna, *Encienda una Vela,* del padre Catoir es publicada en varios periódicos, también tenemos libros disponibles. Nuestro folleto *Ecos Cristóforos* es publicado cada dos meses y se envía a 32 paises, absolutamente gratis. Para recibir una copia gratis de *Ecos Cristóforos* escriba a:

> Padre John Catoir, Director
> The Christophers
> 12 East 48th Street
> New York, New York 10017